LE MARIAGE DE FLORE ET DU PRINTEMS,

COMEDIE EN MUSIQUE

EN FORME DE BALLET.

A ROUEN,

Chez LOUIS CABUT, Imprimeur-Libraire, sur le Quay,
à l'Etoille Brillante.

M. DC. LXXX.

A
MONSEIGNEUR
DE
COLBERT,
COADJUTEUR
DE
L'ARCHEVÊCHÉ
DE ROUEN.
ELOGE.

ONSEIGNEUR,

Je ne doute point que tout le monde ne m'accuse de temerité, & j'avoüe que ce sera même avec Justice, quand on me verra presenter, quoy qu'avec respeét, à Vôtre Grandeur, des Fleurs & des Vers en Musique ; mais MONSEIGNEVR, que le monde dise tout ce qu'il luy plaira, je suis obligé de suivre ma Constellation, & pourvû que je puisse vous faire connoître mon zéle, je m'estimeray toûjours trop heureux.

Oüy j'aime, MONSEIGNEVR, & sur tout le veritable merite. Et comme celuy qui vous environne est extraordinaire, il ne faut pas s'étonner aussi s'il me transporte si fort. en effet MONSEIGNEVR, le moyen à moins d'être insensible, de refuser son cœur & sa tendresse, à cet air Majestueux & engageant, à ce tour aisé, delicat & honnête, qui se répand si agréablement sur tout ce que vous faites ? peut-on sans émotion & sans plaisir, entendre, cette Eloquence victorieuse qui vous insinuë si puissamment dans les cœurs, & qui ne vous attire pas moins l'admiration, que les aplaudissemens de tout le monde. Non ! MONSEIGNEVR, non !

Et si le plus grand Prince de la terre, tout Invincible qu'il est, a
bien voulu s'y laisser vaincre, si la sçavante Academie dont
vous êtes un des plus riches ornemens, n'a pû resister aux
tallens merveilleux dont vous êtes orné, pourquoy trouvera-
t'on étranges si aprés de si glorieux exemples;

C'est à l'éclat de ce feu, MONSEIGNEUR, que je re-
garde avec une joye sensible, l'Allegresse generale de vos peuples, ravis d'avoir l'honneur de vous voir & de vous posseder,
ils vous considerent maintenant, comme leur Mediateur
auprés de Dieu, & comme leur Protecteur auprés du Roy.
Les Arts que vous possedez parfaitement, & dont à l'imitation
de ce Monarque éclairé, vous aimez & connoissez si bien les plus
fines delicatesses, vont refleurir & se ranimer par tout, & par
les lumieres que vous leur communiquerez ils deviendront de-
sormais, plus brillants, plus cheris & plus achevez; Mais
MONSEIGNEUR, que diray-je de l'état Auguste, &
Triomphant, où se voit aujourd'huy vôtre divine Epouse
par vôtre agreable presence? les jours de plaisirs sont arrivez,
& ses habits nuptiaux garderont sans cesse leurs beautez Im-
mortelles. Vous ne serez pas seulement le digne Successeur,
mais encor le parfait Imitateur du grand & fameux Cardinal d'Amboise. En effet MONSEIGNEUR, je ne jet-
te plus les yeux sur ces riches Ornements qu'il a donnez, sur
ces superbes Palais qu'il a fait construire, sur ces Piramides
orgueilleuses qu'il a fait élever jusques dans les nuës : Je ne
voy point, dis-je, ses armes si nobles éclater en tous lieux,

& dont la pourpre facrée, à trouvé du refpect chez les tems qui ne les ont point effacées, qu'il ne me femble en même tems voir briller déja les vôtres Illuftres en autant d'endroits; & là fur un pompeux amas de bienfaits admirables, élever des trophées & des monuments éternels de vôtre genereufe magnificence. Il eft vray, MONSEIGNEUR, que cette precieufe Ecarlate, qui pare les armes de ce digne Cardinal, manque encor au cercle des vôtres, & à ma comparaifon. Mais

Rome eft jufte, MONSEIGNEVR, elle remplira nos juftes fouhaits : Et il ne fera pas dit que LOUIS XIV. foit un jour moins genereux & bien-faifant envers vôtre grandeur, que Loüis douziéme fut autrefois reconnoiffant & liberal, envers ce grand Homme. C'étoit à la verité un Miniftre d'Etat Laborieux & accomply : & n'êtes vous pas le Fils aimable d'un Miniftre d'Etat, digne du choix de fon Inmanquable Maître; Si celuy-là rendît des fervices importants & à l'Eglife & à l'Etat; Celuy-cy non feulement, mais encor toute fon agiffante Famille, n'épargne rien pour fervir l'un & l'autre,

Mais MONSEIGNEUR, voicy le Printems & Flore, qui viennent à propos pour borner mon extravagante im-

portunité, & pour vous suplier tres-humblement, d'agréer cē
que j'ose vous presenter , & d'en attribuer, s'il vous plaist,
tous les défauts, à la passion extréme , avec laquelle je suis,
dans un profond respect,

MONSEIGNEUR,

DE VÔTRE GRANDEUR,

Le tres-humble & tres
obeïssant Serviteur ,

LE SUEUR,

Maître de la Musique de Roüen.

ACTEURS.

LE SOLEIL.

L'HYVER.

LE PRINTEMS.

FLORE.

LES ZE'PHIRS.

LES FLEÜRS.

LES AQUILLONS.

LES CHOEURS.

La Scene est dans le Palais de Flore.

LE
MARIAGE
DE
FLORE ET DU PRINTEMS,
COMEDIE EN MUSIQUE
EN FORME DE BALLET.

SUJET DU PREMIER ACTE.

FLORE tranſportée de joye, & d'Amour, à la venuë du Printems, qui luy eſt deſtiné pour Epoux ; anime les Zephirs,
& les Fleurs, ſes agreables ſujets, à recevoir ſon Amant, avec rou-
te la pompe, & tous les empreſſemens dont ils ſont capables ; La
joye & l'ardeur, qu'ils Expriment par leurs mouvements à cette
Déeſſe, ſont des preuves convainquantes, & infaillibles & de leur
tendreſſe pour elle, & de leurs reſpects pour le Printemps.

RECIT DE FLORE.

ENfin mon Amant va paroître :
Le beau Printems vient regner à ſon tour.
C'eſt luy qu'à nos deſirs l'Aſtre brillant du jour

A bien voulu donner pour Maître,
Et pour l'Objet de mon amour.
  Paroissez belles Fleurs, allez luy rendre hommages
Il attend de vos cœurs ce Fidelle devoir,
Et vous tendres zéphirs, qu'anime son pouvoir,
Vollez sans cesse au tour de son charmant visage,
Et par vos mouvements faites luy concevoir
Les plaisirs qu'à longs traits vous goûtez à le voir.

Chœur de Fleurs & de Zéphirs.

Courons, Courons
Vollons, Vollons,   où Flore nous apelle
Allons marquer par nos empressements
   Nôtre amour, & nôtre zéle,
    A ces heureux Amants.

FLORE.

Le Soleil par ses feux ardans
A fait déja fondre la glace,
Et l'Hyver cede enfin la place,
Avec plaisir au doux Printems,
Tout rit, tout se renouvelle.

Chœur de Fleurs & de Zéphirs.

Courons, Courons,
Vollons, Vollons,   ou Flore nous apelle,

FLORE.

Renouvellez aussi vos soins les plus touchants.

Chœurs de Fleurs & de Zéphirs.

Allons marquer par nos empressments

Nôtre amour, *&* nôtre zèle,
A ces heureux Amans.

LES ZEPHIRS.   LES FLEURS.

Que nos parfums ?   *Que nos couleurs ?*

LES ZEPHIRS.   LES FLEURS.

Que mille soins ?   *Que mille odeurs ?*

ENSEMBLE.

Leur expriment sans cesse,
Le respect , & la tendresse ;
Et des zephirs & des Fleurs ?

UN ZEPHIR.

Que tout icy se renouvelle.

ENSEMBLE.

Courons , courons
Vollons , vollons *où Flore nous apelle ,*
Allons marquer par nos empressemens.
Nôtre amour & nôtre zele ,
A ces heureux Amans.

ACTE II.

PEndant que les Zephirs & les Fleurs ne songent qu'aux Plaisirs, & à recevoir comme il faut leur Maître, les Aquillons enragés de voir leur pouvoir prest d'être aneanti, conspirent & se mettent en effet de détruire l'Empire de Flore.

CHOEURS D'AQUILLONS.

Soûflons, soûflons ? qu'attendons-nous ?
Soûflons par tout, la Tempéte, & l'Orage ;
Donnons leur Empire au Pillage,
Détruisons ces Epoux.
Soûflons soûflons ? qu'attendons-nous ?

2. AQVILLONS.

Déchaînons contre eux nôtre rage,
Qu'ils perissent tous par nos coups.

LE CHOEVR.

Soûflons, soûflons ? qu'attendons-nous ?

2. AQVILLONS.

Suivons nos transports jaloux.

LE CHOEVR.

Soûflons, soûflons, la tempéte & l'orage.

2. AQVILLONS.

Détruisons ces Epoux.

LE CHOEUR.

Soûflons, foûflons ? qu'attendons-nous ?

3. AQUILLONS.

Que le ravage,
Que le carnage,
Troublent fans fin leurs plaifirs les plus doux.

LE CHOEUR.

Soûflons, foûflons, la tempéte & l'orage.

2. AQVILLONS.

Détruifons ces Epoux.

LES CHOEURS.

Soûflons foûflons ? qu'attendons-nous ?

Mais le Soleil qui eft l'Illuftre Protecteur de ces Amans, commence à paroître & diffipant auffi-toft les deffeins de ces Mutins, les chaffe & les condamne au Silence.

LE SOLEIL.

Mutins qu'elle eft vôtre infolence?
Fuyez, ne paroiffez plus ;
Vos efforts font icy fuperflus :
Evitez ma prefence ;
Fuyez Mutins, ne foufflez plus.
Silence.

Les Peuples étonnez de l'irruption des Aquillons & de la prefence du Soleil qui les a fi promptement réprimés, Chantent & en rendent graces à ce bel Aftre.

C

CHŒUR DE FLEURS ET DE ZEPHIRS.

AIR

QUE nôtre bonheur est extrême ?
Qu'il est doux ? qu'il est glorieux ?
Puis qu'un Dieu le plus beau des Dieux,
Nous sert, nous protege, & nous aime
Que nôtre bonheur est extrême.

LE SOLEIL.

Oüy, j'ay sçû de l'Hyver enflâmer la froideur,
En faveur du Printems, & de l'aimable Flore.
Il leur cede l'Empire : Et j'ay plus fait encore
J'ay versé dans son cœur
Certaine ardeur,
Qui rendra malgré sa froidure.
Malgré l'ordre de la Nature
Ses vieux jours frais & rajeunis ;
Et sera voir par des soins que j'insspire,
Regner en même tems & dans un même Empire
L'Hyver & le Printems unis.

Chœur de Fleurs & de Zephirs.

QUE nôtre bonheur est extrème ?
Qu'il est doux qu'il est glorieux :
Puisqu'un Dieu le plus beau des Dieux
Nous sert, nous protege, & nous aime,
Que nôtre bonheur est extrême ?

ACTE III.

L'Hyver accompagné de quelques Glaçons vêtus de Pail-
le d'Or, vient selon la promesse du Soleil, faire un pre-
sent de son Empire à Flore & au Printems; & dans l'attente
où il est de leur presence, il s'entretient du sujet de son voyage
avec les Glaçons, & les plus considerables des sujets de Flore.

L'HIVER.

IL est vray que je cede avec plaisir l'Empire
Je suis las de souffrir la Neige, & les Glaçons,
Le merite le veut, le Soleil le desire :
Il est le Maître des Saisons.
Je quitte avec plaisir l'Empire
Je suis las de souffrir la Neige, & les Glaçons.

L'Hyver apercevant venir nos Amans heureux, s'efforce
de les devancer, & avec un visage riant, leur dit en les embras-
sant tous deux,

VEnez, Venez
Amants fortunez
Posseder mon Empire;
Soyez de ma main Couronnez,
Venez, Venez
Amans fortunez
Posseder mon Empire,
Adieu je me retire.

Le Printems & Flore par une reconnoiſſante civilité le prient de reſter avec eux , de regner encor , & de les Inſtruire aux maximes des Princes.

LE PRINTEMS ET FLORE.

AH ! ne nous abandonnés pas
Prudent Hyver régnés encore ;
Sous vous le Printems , & Flore
Aprendront , en regnant , à regler leurs Etats.
L'honneur le veut , le Soleil le deſire ;
Vos Sujets goûteront des plaiſirs infinis ;
Lors qu'ils verront regner dans cét heureux Empire
L'Hyver & le Printems unis.

Les ſujets qui ſont ordinairement les Singes de leurs Souverains mêlent icy leurs voix & leurs prieres en rediſant ce que le Printems & Flore ont dit.

LE CHOEUR.

AH ! ne nous abandonnez pas
Prudent Hyver regnés encore ,
Sous vous le Printems & Flore ,
Aprendront en regnant à regler leurs Etats ,
Lhonneur le veut , le Soleil le deſire
Nous goûterons des plaiſirs infinis
Quand nous verons regner dans nôtre heureux Empire
L'Hyver & le Printems unis.

ACTE IV.

'Hyver surpris de tant de prieres obligeantes, reste avec ses Glaçons ; & pour prendre le frais & se reposer ; ils entrent tous dans un *Frescati*, d'où ils peuvent voir la ceremonie & en être les principaux Personnages, le Printemps & Flore, que le tumulte avoit empêchés de s'entretenir de leur Amour, commence à se l'exprimer par ce Dialogue.

LE PRINTEMS.

Que je m'estime heureux ; belle & charmante Flore,
De posseder ton cœur ?

FLORE.

Et moy je suis charmée ! ô Printems que j'adore
De t'en voir le Vainqueur.

LE PRINTEMS,

Que ce tendre discours, à mon ame est sensible ?

FLORE.

Que ton Amour touche mes Sens ?
Heureuse Flore !

LE PRINTEMS,

Heureux Printems !

D

LE PRINTEMS ET FLORE.

Uniſſons nous d'une chaîne Invincible ?
Vivons heureux , Vivons contens.

LE PRINTEMS.

Eſt il rien de plus agreable ?

FLORE.

Eſt-il un plaiſir plus charmant ?

LE PRINTEMS.

Que de joüir d'une Maîtreſſe aimable ?

FLORE.

Que de poſſeder ſon Amant :

LE PRINTEMS.

Que ce tendre diſcours à mon ame eſt ſenſible ?

FLORE.

Que ton amour touche mes ſens ?
Heureuſe Flore !

LE PRINTEMS.

Heureux Printems !

LE PRINTEMS ET FLORE.

Uniſſons nous d'une chaîne Invincible
Vivons heureux : Vivons contens ?

Les Peuples charmés des beautés de ces deux Amants , &
de la tendreſſe , qu'ils étallent à leurs yeux , ne peuvent s'em-
pêcher de les loüer & de s'écrier agreablement.

CHOEUR DE ZE'PHIRS ET DE FLEURS.

LES ZEPHIRS.

Que nôtre Prince est beau ?

LES FLEURS.

Que nôtre Reine est belle ?

ENSEMBLE.

Elle est digne de luy, comme il est digne d'elle.

LES ZEPHIRS.

Il à l'air du Printems nouveau :

LES FLEURS.

Elle à le port d'une Immortelle :

LES ZEHPHIRS.

Que nôtre Prince est beau ?

LFS FLEURS.

Que nôtre Reine est belle :

ENSEMBLE.

Elle est digne de luy, comme il est digne d'elle.

ACTE V.

CEs deux Amans interrompent le Chant paſſionné de leurs ſujets, & par un mouvement extraordinaire de reſpect, d'Amour, & de reconnoiſſance, les invitent à chanter avec eux les loüanges du Soleil, auteur de leur felicité.

LE PRINTEMS ET FLORE:

PEuples qui partagez avec nous les plaiſirs,
Que le Ciel nous accorde & qu'il refuſe aux autres
Heureuſes Fleurs, Brillants Zéphirs :
Joignez vos douces voix aux nôtres
Publiez du Soleil, les biensfaits genereux
Il vous comble de biens, lors qu'il nous rend heureux

Chœur de Zephirs & de Fleurs.

Publions du Soleil, les bienfaits genereux
Il nous comble de biens il nous rend tous heureux.

ODE

EN L'HONNEUR DU SOLEIL,

UN ZEPHIR.

LA Terre luy doit ſa beauté,
Sa Gloire & ſa fecondité,
Sans luy les biens ſont des ſuplices.

LE CHEOUR.

La terre luy doit sa beauté,
Sa gloire & sa fecondité
Sans luy les biens sont des suplices.

UN ZE'PHIR.

Offrons luy nos cœurs & nos vers,
Puisqu'il est de tout l'Vnivers,
L'Apuy, l'Honneur, & les Delices.

LE CHOEUR.

Offrons luy nos cœurs, & nos vers,
Puisqu'il est de tout l'Vnivers
L'Apuy, l'Honneur, & les Delices.

DEVX FLEURS.

S'il produit les Fleurs, & les Fruits,
S'il nous donne des jours sans Nuits,
C'est pour nous marquer ses services.

LE CHOEUR.

S'il produit les Fleurs, & les Fruits,
S'il nous donne des jours sans Nuits,
C'est pour nous marquer ses services.

DEVX FLEVRS.

Offrons luy nos Cœurs, & nos Vers,
Puisqu'il est de tout l'Vnivers,
L'Apuy, l'Honneur, & les Delices.

LE CHOEVR,

Offrons luy nos Cœurs , & nos Vers,
Puisqu'il est de tout l'Vnivers,
l'Apuy, l'Honneur, & les Delices.

TROIS ZEPHIRS.

C'est par luy qu'on voit nos Jardins :
Braver les Aquillons mutins,
Et dissiper leurs artifices ;
Son pouvoir s'étend sur les Mers,
Pour nous il modere les Airs :
Et nous sauve de leurs caprices.
Offrons luy nos Cœurs , & nos Vers
Puisqu'il est de tout l'Vnivers,
L'Apuy , l'Honneur , & les Delices.

LE CHOEVR.

Offrons luy nos Cœurs & nos Vers,
Puisqu'il est de tout l'Univers,
L'Apuy, l'Honneur, & les Delices.

FLORE ET LE PRINTEMS.

Flore & le Printems vont toûjours,
Joüir de leurs tendres Amours,
Sous ses favorables auspices.

UN ZEPHIR ET UNE FLEUR.

Et pour augmenter nos Plaisirs,
Il rend au gré de nos desirs
Les Vents, & les saisons propices.

FLORE ET LE PRINTEMS,
ZEPHIR ET VNE FLEVR.

Offrons luy nos Cœurs, & nos Vers,
Puisqu'il est de tout l'Univers,
L'Apuy, l'Honneur, & les delices.

LE CHOEVR.

Offrons luy nos Cœurs, & nos Vers,
Puisqu'il est de tout l'Vnivers,
L'Apuy, l'Honneur, & les Delices.

LES CHOEVRS.

Que les Chalumeaux, & les Voix,
Les Musettes, & les Hauts-Bois
Accompagnent nos Sacrifices ;
Joignons y la Rose, & les Lis,
La Tubereuse, & les Iris,
Les Jonquilles, & les Narcisses :
Offrons luy nos Cœurs, & nos Vers,
Puisqu'il est de tout l'Univers,
L'Apuy, l'Honneur, & les Delices.

FIN.